La GRANDE RONDE des RENARDS

SEPT CONTES AUTOUR DU MONDE

Joyeux Noël 2023
Merci et beaucoup de
plaisir avec la lecture

O papi Jean Marc

Pour Magda. Caroline

Pour Jules. Martine

Pour toi Benjamin ! Élise

© 2022, éditions Glénat
Couvent Sainte-Cécile, 37 rue Servan, 38000 Grenoble
Graphisme : Samantha Rémy
Loi n°49-956 du 16 juillet 1949 sur les publications destinées à la jeunesse,
modifiée par la loi n°2011-525 du 17 mai 2011
Tous droits réservés pour tous pays
Dépôt légal : octobre 2022
ISBN : 978-2-344-05242-6 / 001

CAROLINE ET MARTINE LAFFON   ÉLISE MANSOT

La grande ronde des renards

SEPT CONTES AUTOUR DU MONDE

Glénat jeunesse

SOMMAIRE

LA NUIT SANS FIN   8
Canada

À SES PIEDS   16
Algérie

LES DEUX LABOUREURS   24
Turquie

LE CHANT DU COYOTE   32
Amérique du Nord

LA FAUSSE AMIE   40
Amazonie

L'HOMME AMOUREUX D'UNE RENARDE   48
Japon

LE BAISER DE LA PAIX   56
Europe

En un temps qui n'est pas d'hier, Renard était un sacré raconteur d'histoires. Il marchait de forêt en forêt avec son sac en bandoulière, s'asseyait dans une clairière et en sortait un conte ramassé autrefois aux quatre coins du monde. Perché sur son épaule, celui qui n'en perdait pas une miette, c'était Corbeau. On dit que cet oiseau noir en savait aussi long que lui sur les renards et leurs lointains cousins, Coyote et Chacal.

À vrai dire, il était un peu la mémoire des chemins qu'ils avaient tracés ensemble, de terres gelées en montagnes et vallées.

Dès que les deux compères s'installaient sous l'arbre à racontars, c'était à qui, parmi les animaux, arriverait le premier pour les écouter.
– Renard, qu'as-tu donc cette fois dans ton sac ? lui demandait-on de tous les côtés.
Et chacun dans la forêt ouvrait grand ses oreilles, prêt à rire, parfois même aux dépens de ses ancêtres.

Voilà ce que m'a raconté le premier renard du premier matin du premier jour du monde…

LA NUIT SANS FIN

Canada

♦

Au tout début, il n'y avait rien du tout à part l'Homme et la Femme qui avaient surgi de deux mottes de terre et qui regardaient l'horizon dans la nuit noire.

– Quel calme ! disait l'Homme.

– Quel silence ! reprenait la Femme.

– J'aimerais bien avoir un filet à réparer ! disait l'Homme.

– Un harpon à ciseler ! répondait la Femme.

– Un saumon à pêcher ! continuait l'Homme.

– Une viande à préparer ! soupirait la Femme.

Rien à faire de leurs dix doigts, c'était ça, la vie de l'Homme et de la Femme aux tout premiers jours du monde. Ils auraient pu s'en contenter, rester là tranquillement assis sur leur rocher, mais cela ne leur convenait pas. Ils bâillaient et s'ennuyaient fermement. Parfois, ils mouillaient leur doigt avec leur salive et le tenaient en l'air, comme une petite lampe à l'affût de la moindre clarté, cherchant à apercevoir d'autres êtres qu'eux-mêmes.

– Tiens, là !

– Quoi ?

– Non, rien ! J'ai cru voir quelque chose.

Ils avaient beau plisser les yeux, devant eux, il n'y avait qu'une longue étendue de granit plongée dans la pénombre.

– Pfuiii ! fit l'Homme.

– Prenons les choses en main ! s'exclama la Femme, on ne va pas rester seuls au monde, et elle partit trouver Kaïla, l'Esprit du Ciel.

Après les politesses liées aux circonstances gênantes de cette situation, car il n'est jamais aisé de se plaindre de son sort à un Esprit, la Femme expliqua la raison de sa venue :

– Cher Kaïla, je suis vraiment désolée de te décevoir mais je pense qu'il manque un petit quelque chose dans la Création du monde. Regarde devant toi, il n'y a rien, on n'y voit rien et en plus il n'y a rien à faire. Pourrais-tu nous aider ?

– Hum ! répondit l'Esprit du Ciel. Tu sais, moi mon domaine, c'est le blizzard, les nuages et la rosée. Que faites-vous toute la journée ?

– Mais il n'y a pas de journée, répliqua la Femme, il n'y a qu'un grand ruban de temps sans fin, et l'Homme et moi, assis sur nos mottes de terre, à attendre je ne sais quoi dans le noir.

L'Esprit du Ciel était désolé de voir l'Homme et la Femme si désœuvrés.

– Je ne suis en rien responsable de la Création, mais j'ai peut-être une idée.

Il lui montra alors un trou dans le sol et lui dit de s'y pencher. Quelle surprise ! Apparurent aussitôt les animaux de la banquise : poissons, petits et gros, orques, phoques, baleines et narvals. Et plus tard, joie ! ceux de la toundra : lemmings, ours, loups, corbeaux, oies. Et nous enfin : les renards... Nous étions si beaux avec nos fourrures blanches immaculées et notre longue queue pour nous couvrir le museau. Mais assez parlé de nous !

Il y eut encore le caribou, le loup, et bientôt tous se multiplièrent et partirent en troupeaux. L'Homme et la Femme pouvaient enfin s'occuper, ils avaient de quoi pêcher et chasser. La Création était achevée, l'Histoire du monde pouvait commencer. Enfin, presque... Car il n'y avait toujours pas de lumière, donc ni mousse, ni lichen. Rien ne poussait sans le soleil et le corbeau, lui, en avait assez de se cogner la tête en rentrant dans son nid en haut des falaises.

– Qaurng, qaurng ! criait-il. Ce qui en langue inuit signifie quelque chose comme « lumière, lumière ! ».

Lui aussi tenta une réclamation auprès de l'Esprit du Ciel.

– J'en ai assez, disait-il. Je ne vois rien, je crève de faim. Qaurng, qaurng! Lumière, lumière!

Notre ancêtre renard sursauta en entendant ça alors qu'il quittait sa tanière. Et à son tour, il se mit à hurler:

– Quoi, quoi? Non, surtout pas de lumière, ce n'est pas bon pour moi! Comment ferais-je pour chasser alors que je ne sors que la nuit? Taartuk, taartuk! Nuit, nuit!

Le corbeau reprit de plus belle, du haut de la paroi:

– Qaurng, qaurng! Lumière, lumière! Je ne vois ni les mouches, ni les papillons, ni les escargots, ni les grenouilles! J'ai faim!

Le renard, notre vaillant aïeul, n'avait aucune intention de perdre le combat, alors il renchérit depuis son abri:

– Taartuk, taartuk! Nuit, nuit! Les souris, les campagnols ne sortent que le soir. Comment vais-je nourrir mes petits?

– Qaurng, qaurng ! Lumière, lumière !
– Taartuk, taartuk ! Nuit, nuit !
– Lumière !
– Nuit !

Voilà, le monde était rempli d'un incroyable brouhaha, car le premier corbeau et le premier renard du premier matin avaient des idées bien arrêtées et aucun des deux ne voulait céder. Je ne sais pas si c'est l'Esprit du Ciel qui, encore une fois, en passant par là, eut une idée en les entendant ainsi vociférer.

– Lumière, nuit, lumière, nuit ! reprit-il. Mais oui ! Mettons tout le monde d'accord, il y aura la nuit, il y aura le jour, et puis ça recommencera ! Il y aura l'été, il y aura l'hiver. Il y aura le soleil, il y aura la lune. Il y aura des jours sombres et des nuits claires. Il y en aura pour tous les goûts. Cela ne sera jamais pareil ! Ainsi battra enfin le rythme des saisons !

Et le corbeau et le renard se serrèrent la patte. Depuis, nous sommes fiers de dire que c'est grâce à nous que s'alternent les jours et les nuits.

– Oui, oui, c'est ainsi que cela s'est passé !
Enfin c'est ce que l'on m'a raconté,
vous en penserez ce que vous voudrez.
Renard range ses histoires dans son sac, Corbeau
l'aide avec son bec à le fermer et voilà !
Les animaux regagnent leur forêt.
– Le jour et la nuit, tu crois que c'est vrai ?
se demandent-ils.
Et Corbeau qui les entend leur répond, vexé :
– Mais, bien sûr, serions-nous assez rusés
pour vous tromper ? Demain, croyez-
moi, ce sera une autre histoire.

Les ombres s'allongent déjà au pied de l'arbre
à racontars pour ce deuxième soir. Soudain
un rugissement fait tressaillir toute l'assemblée.
Renard a ouvert son sac et Corbeau tient dans son bec
un nouveau conte qu'il glisse à l'oreille de son compère.
– Tremblez ! commence Renard. Oui, tremblez
si vous êtes des couards ! Mais sinon admirez
le courage et l'audace de mon petit cousin du désert.
Vous êtes prêts ? Alors je commence.

À SES PIEDS

Algérie

◆

Quand les lions de l'Atlas chassaient encore dans les montagnes d'Algérie, secouant leur crinière noire et rugissant à faire trembler tous les animaux, il y avait un vieux lion qui vivait sur un rocher.
Jour et nuit, il hurlait en se léchant les babines :
– Viens là, toi, que je t'attrape et que je t'avale d'un coup !
Ce qui arrivait, évidemment. Ensuite, il faisait grincer ses vieilles dents pourries en claquant sa langue et rotait. Franchement c'était insupportable.
Un jour, Petit Chacal Doré, cordonnier de son métier, en eut assez et décida de lui jouer un mauvais tour. En ce temps-là, vous le savez, les animaux portaient bottes, sandales ou mules brodées, pour éviter d'avoir une épine dans le pied. Et puisque l'on racontait partout que Vieux Lion, couché sur son rocher, rêvait de deux nouvelles paires de bottes rouges en cuir de mouton pour chasser, Petit Chacal Doré fourra dans un grand sac tout ce qu'il possédait comme chaussures pour lion, et le voilà parti !
Quand il se présenta devant Vieux Lion, Petit Chacal Doré déballa sa marchandise et lui vanta la qualité de ses bottes, en cuir souple, pour soulager les rhumatismes et protéger les griffes usées.
– Elles s'enfilent comme des chaussettes, moulent joliment les coussinets, affinent la patte. Elles sont confortables, résistantes, non transpirantes et parfaites pour la chasse, ajouta-t-il.

Vieux Lion bougonna :
– Approche, que je les essaie ! Elles sont solides, au moins ?
– Bien sûr, Votre Majesté, le flatta Petit Chacal Doré, elles sont en cuir de mouton de première qualité ! J'ai brodé à la pointe de chaque botte une couronne royale et je peux les ajuster exactement à vos pattes. Il suffit de les mouiller légèrement comme cela.
Petit Chacal les trempa dans l'eau.
– Et... voilà !
Et voilà les quatre bottes lacées et Vieux Lion bien chaussé.
– Aujourd'hui, pour vous, Majesté, c'est cadeau, cadeau de notre clan, lui affirma Petit Chacal Doré en remballant vite mules et sandales.
Puis il fila se cacher en attendant la suite de l'histoire.

Vieux Lion, tout content de ses nouvelles bottes, descendit de son rocher pour faire quelques pas ici et là. Il tournoya sur lui-même, sautilla, dansa. Mais, bientôt, il les trouva un peu serrées. Pas grave, ses pattes avaient dû gonfler. Très serrées, pas grave, il suffisait de les délacer un peu. Très, très serrées...! Aïe ! Le cuir tout à l'heure mouillé par Petit Chacal Doré avait maintenant séché et les bottes rétrécies lui écorchaient les orteils, lui brisaient les talons, le mordaient jusqu'au sang. Pas moyen non plus de dénouer les lacets pour les retirer.
Vieux Lion rugissait de douleur, appelait à l'aide Petit Chacal Doré, jurant qu'il récompenserait et protégerait le clan de quiconque lui ôterait ces quatre bottes broyeuses de pattes !
La cousine d'un lièvre, dont Vieux Lion avait croqué les petits derniers, passait par là. Elle entendit ces hurlements de bête prise au piège, mais aussi la promesse de Vieux Lion. Elle s'approcha donc de lui avec courage :
– Jure, Vieux Lion, que tu nous protégeras, moi, ma famille, mes cousins, cousines, petits-cousins, petites-cousines, arrière-petits-cousins, arrière-petites-cousines Lièvre, et je couperai le cuir de tes bottes, exigea-t-elle.

– Je le jure ! Délivre-moi vite, se lamentait Vieux Lion. Je le jure sur la tête de je ne sais pas qui, je te protégerai toi et ta parenté, jusqu'à la fin de ma vie, promit-il en crachant par terre pour valider son serment.

En quatre coups de dent, Cousine Lièvre déchira le cuir et libéra le lion. En un coup de patte, la voilà dans la gueule du monstre, avalée par devant et, aussi vite, ressortie, tout ébouriffée, par... derrière !

Petit Chacal Doré, qui observait toute la scène, se tordit de rire et interpella Cousine Lièvre, en se moquant d'elle :

– Eh ! ma belle, crois-moi, délivre ton ennemi et tu verras ce qu'il t'en coûtera. Eh ! Attends-moi, j'ai des bottines en cuir rouge de première

qualité pour toi. Confortables, résistantes, légères, non transpirantes, parfaites pour les randonnées.
Mais Cousine Lièvre, sans attendre qu'il la rejoigne, s'enfuit à toutes pattes jusque dans le désert, jurant entre ses dents qu'on ne l'y prendrait plus.

Quant à Vieux Lion qui ne tint pas sa promesse, il ne remonta plus sur son rocher, ne grinça plus des dents, ne claqua plus de la langue ni ne rota après son dîner. Il se cacha loin des autres, car désormais dans les montagnes tout le monde riait de lui. Et un jour, comme ça, sans faire de bruit, il disparut.

– Alors, claironne Renard, Lièvre, qu'en dis-tu ? Et toi, Blaireau ? Ours ? Dommage que les chacals ne soient plus cordonniers, car maintenant nous attrapons tous des épines dans les pattes. Mais moi, j'ai une solution ! Petit Chacal Doré m'a laissé un souvenir de son métier.
Et Renard sort de son sac une paire de chaussons fourrés qu'il enfile à la grande joie de tous les animaux.
– Allez, il se fait tard ! s'époumone Corbeau, chacun chez soi ! Rentrez chez vous !

Renard, sous l'arbre à racontars, fouille dans son sac.
Mais à chaque fois qu'il sort un conte, Corbeau s'écrie :
– Oh non ! Pas celui-ci, oh non ! Pas celui-là !
Et Renard fouille et fouille encore.
– Bon alors, elle vient cette histoire ? les interpelle Sanglier.
Parce que moi, j'ai de la terre à retourner.
– Ah ! Ça tombe bien, réplique Renard, voici une histoire
de laboureurs. Mais Ours, désolé, elle pourrait te choquer.
– Je verrai, raconte toujours ! lance Ours.
– Oui, raconte, Renard !
– Bon, vous l'aurez voulu ! conclut Corbeau.
Et maintenant : silence !

LES DEUX LABOUREURS

Turquie

♦

C'était, écoutez bien, au temps où les hommes mangeaient des baies en parcourant les forêts. Un soir, ils eurent si mal aux pattes qu'ils décidèrent de s'arrêter ici, dans la plaine de Konya, en Turquie. Pendant quatre saisons, ils labourèrent la terre, tracèrent des sillons, semèrent, récoltèrent, et bientôt se frottèrent le ventre, bien rempli même en hiver.
« Ce serait extraordinaire si je cultivais, moi aussi, mon petit coin de terre, pensa Renard qui les guettait depuis l'orée du bois. Mais travailler le sol, non merci ! Ours a de la force, de bonnes griffes, proposons-lui d'être mon associé. »
Renard alla donc trouver Ours dans sa tanière.
– Frère Ours, lui demanda-t-il, sais-tu pourquoi ces humains dans la plaine se régalent même en hiver ?
– En hiver, je dors, grogna Ours qui n'aimait pas être dérangé.
– Tu as raison, frérot. Après tout, une bonne galette de blé toute tartinée de miel dégoulinant dans ta gueule, ce n'est pas très intéressant. Je voulais t'associer à mon grand projet mais…
– Quel grand projet ? l'interrompit Ours, soudain alléché.
– Non, non, tant pis !
– Allons, Renard, nous sommes amis.
– C'est vrai, mais…
– Entre donc, buvons un thé à la menthe et parlons tranquillement, lui proposa Ours.

Ouh là ! Dans sa tanière, ça puait vraiment à se boucher la truffe, mais Renard avait besoin d'un compère pour cultiver la terre.

– Alors, c'est quoi ton grand projet ? l'interrogea Ours, en servant le thé.

– Devenir paysans, mon frère, lui expliqua Renard.

– Paysans ? Mais pour quoi faire ?

– Pour labourer, tracer des sillons, semer, récolter et se régaler en hiver. Si jamais tu deviens mon associé, nous vendrons nos récoltes au marché. Tu deviendras riche et tu ne mangeras que des gâteaux au miel et des cornes de gazelle à pleines corbeilles, lui fit miroiter Renard.

– Trop bon ! saliva Ours, en se frottant déjà le ventre.

– Alors, convaincu ? lui demanda Renard.

– Convaincu ! affirma l'autre.

– Concluons donc un accord, s'empressa Renard avant qu'Ours ne change d'avis. Voilà : cette année tout ce qui poussera dans notre champ au-dessus du sol sera pour moi et au-dessous pour toi. D'accord ?

– D'accord !

Et Renard et Ours se serrèrent la patte pour conclure l'affaire.

En automne, Ours laboura la terre. Renard l'encouragea de mille manières. En hiver, Ours traça des sillons. Renard, lui, resta au chaud dans sa maison. Au printemps, Ours sema durant trois journées. Renard, lui, se tourna les pouces des pieds. En été, quand le blé en épis fut mûr à moissonner, Ours prit sa faucille et...

– Halte-là ! Bas les pattes, mon frère ! intervint Renard. La récolte est pour moi. Souviens-toi de notre accord. Cette année, tout ce qui est au-dessus du sol m'appartient. Toi, c'est au-dessous.

– Mais quel gros menteur profiteur ! s'emporta Ours, tu ne m'as jamais aidé et au-dessous, rien n'a poussé. Alors partageons !

– Pas question ! Un accord, c'est un accord, s'entêta Renard. Si tu veux, la saison prochaine, changeons. Je récolterai tout ce qui pousse sous le sol de notre champ et toi, ce qui est au-dessus. D'accord ?

Ours était furieux. Pas de galette de blé au miel, pas de cornes de gazelle : il avait juste un grand creux, là, au milieu de l'estomac. Mais comme Renard lui promit monts et merveilles à pleines corbeilles pour la récolte de l'année prochaine, ils se serrèrent les pattes et conclurent l'affaire.

— C'est vrai, frère, tu as beaucoup travaillé les jours passés, alors repose-toi dans ta tanière. Je vais m'occuper de notre champ, lui proposa Renard.

Et pendant qu'Ours avait le dos tourné et ronflait tout l'hiver, Renard planta des rangées d'oignons qu'il enfouit sous la terre. Quand le printemps arriva, Ours mit enfin le nez dehors et s'inquiéta :

— Renard, je ne vois rien pousser ni ici, ni là.

— Sois patient, mon frère, il n'est pas encore temps.

Lorsque l'été arriva, Ours eut beau observer minutieusement le champ de tous côtés :

— Renard, s'étonna-t-il, je ne vois rien pousser ni ici, ni là.

— Normal, mon frère, comme nous l'avions convenu, tout ce qui est au-dessus du sol t'appartient. Moi, c'est au-dessous et ma récolte d'oignons est bientôt terminée.

— Quoi ! s'écria Ours en colère. Renard, tu m'as berné pendant deux ans et maintenant je n'ai rien à manger. Pas de galette de blé au miel, pas de cornes de gazelle : j'ai juste un grand creux, là, au milieu de l'estomac. Partageons, gros menteur, sinon je t'attrape par la queue et je t'envoie au diable grignoter tes oignons jusqu'au trognon et tes galettes de blé à en crever !

Aussitôt, Renard s'enfuit, poursuivi par Ours. Et tous deux coururent ainsi à perdre haleine, de montagnes en vallées, de déserts en lacs glacés. Ils traversèrent des pays du nord au sud et d'est en ouest. Chaque fois qu'Ours croyait enfin le rejoindre pour se venger, Renard s'échappait et cette course effrénée reprenait de plus belle.

– Aïe, aïe, aïe ! Vous me demandez comment l'histoire s'est terminée ? reprend Renard. Eh bien, imaginez ce que vous voulez !
– Moi, de toute façon, je n'aime pas les oignons ! bougonne Ours.
– Attends, mon ancêtre, pour se faire pardonner m'a transmis sa recette de galette de blé.
Renard ouvre grand son sac et en sort pour toute l'assemblée de petites galettes rondouillettes et dorées que Corbeau s'empresse de partager.
– Et pour demain, conclut Corbeau, nous vous réservons une belle surprise !

– Amis de la forêt ! déclame Corbeau devant les animaux rassemblés pour la quatrième fois. Le célèbre Renard qui a fait le tour du monde à pied, son sac sur une épaule et moi sur l'autre, va vous interpréter un chant indien...
Renard s'avance, un bandana noué autour des oreilles.
– Euh, je suis un peu enroué, s'excuse-t-il, je laisse donc la place, non pas à Corbeau qui joue plutôt du banjo, mais à mon cousin Coyote d'Amérique qui a une façon bien à lui de retenir les chansons !

LE CHANT DU COYOTE

Amérique du Nord

♦

Autrefois, une vieille femme, Junco, habitait une petite cabane de planches au lieu-dit « Les flèches dressées ». C'était sur le territoire des Indiens Zunis. Je dis cela parce que ce sont eux qui m'ont raconté cette histoire. Junco élevait six poules, deux cochons et peut-être bien quatre lapins.
Coyote, lui, habitait beaucoup plus loin avec ses enfants à « Pierre assise ». Malheureusement pour lui, ses petits coyotes avaient tout le temps faim. Franchement, les entendre glapir à longueur de journée, c'était vraiment très énervant. Alors, Coyote leur dit au revoir et partit chasser pour les nourrir, trop content de ne plus les écouter brailler.
La vieille Junco, ce matin-là comme tous les matins, coupait de l'herbe pour ses bêtes, et ensuite elle vannait des graines d'herbe à cochon. Elle lançait les graines en l'air dans son van pour trier les bonnes des mauvaises et éliminer la poussière, tout en chantant :
– Yuuwahina, yuuwahina, yuhina, yuhina... Yuuwahina, yuhina...
Coyote, qui chassait toujours, arriva ce matin-là aussi devant chez elle. Il l'observa un bon moment, interloqué. Mais que faisait donc cette vieille ?
– Eh ! l'interpella-t-il, qu'est-ce que tu fabriques ?
– Je vanne, tu vois bien, lui répondit la vieille femme.
– Mais tu vannes quoi ?
– De l'herbe à cochon.
– Vraiment ? Et c'est quoi, ce que tu chantes ?
– Oh, mais c'est mon chant de vanneuse, s'exclama Junco.
– Ah ! Alors chante-le pour moi, comme ça je pourrai le chanter à mes enfants, lui demanda Coyote.
Il pensait en lui-même : « Si mes petits coyotes fredonnent la chanson de la vieille, ça sera toujours mieux que de hurler ! »
Junco chanta donc pour Coyote.
– Yuuwahina, yuuwahina, yuhina, yuhina... Yuuwahina, yuhina...
Et par instants, elle soufflait comme ça :
– Pff ! Pff !

– Ah ! Très bien ! commenta Coyote, je m'en souviens déjà. Je peux repartir maintenant et le chanter à mes enfants.
Coyote repartit donc, mais quand il arriva au croisement du grand pin dans la plaine, soudain des tourterelles s'envolèrent.
– Gloups ! s'écria Coyote, surpris, et le chant qu'il avait gardé au fond de son gosier dans sa gueule bien fermée lui échappa.

Coyote revint aussi vite qu'il put sur ses pas et, une nouvelle fois, il demanda à la vieille Junco :
– Vite ! Les tourterelles m'ont fait perdre ton chant, alors rechante-le pour moi.
Et la vieille le rechanta pour lui.
– Yuuwahina, yuuwahina, yuhina, yuhina... Yuuwahina, yuhina...
Et par instants, elle soufflait comme ça :
– Pff ! Pff !
Coyote, cette fois, apprit le chant par cœur et repartit aussitôt. Mais en traversant un champ, il tomba dans un énorme trou.
– Gloups ! s'écria Coyote mal en point, et le chant qu'il avait gardé au fond de son gosier dans sa gueule bien fermée lui échappa.

Pour la troisième fois, il revint trouver la vieille Junco et lui réclama son chant. Et la vieille rechanta encore une fois pour lui, et Coyote repartit pour la troisième fois aussi.
Quand il arriva au croisement du grand pin, eh ! eh ! des corbeaux, mes frères, croassèrent ; et Coyote stupéfait laissa, gloups ! échapper son chant.
Quand la vieille Junco aperçut Coyote qui revenait pour la quatrième fois, elle pensa :
« Ah ! Tu reviens encore, mais cette fois, je ne chanterai pas pour toi ! » Voilà exactement ce qu'elle se dit. Elle chercha un rocher bien rond, le recouvrit de sa tunique et posa son panier juste à côté. Puis, Junco regagna vite sa cabane.
– Coyote, demande-moi donc de chanter maintenant ! riait-elle tout bas, en le guettant, cachée derrière une minuscule fenêtre.

Coyote revint donc pour la quatrième fois. À peine arrivé, il se posta devant la pierre recouverte de la tunique et demanda :
– Vite, la vieille, chante pour moi, j'ai encore perdu ton chant ! Dépêche-toi !
Mais bien sûr, personne ne lui répondit.
– Vite ! s'impatienta Coyote. Je te préviens, je compte jusqu'à quatre, et si tu n'as pas chanté, gare à mes dents, je te croquerai le derrière !
– Un... Deux..., continua-t-il.
La vieille ne chantait toujours pas.
– Dépêche-toi de chanter ! Trois..., compta Coyote. Nous y sommes presque...
Mais Junco ne chantait toujours pas.
– Quatre !
Et crunch ! À la place du derrière, Coyote mordit la pierre à pleines dents, comme ça, jusqu'aux molaires. Aïe, aïe, aïe ! Il se cassa toutes les dents du fond.
Voilà pourquoi, depuis, Coyote n'a plus de dents là, oui là au fond de sa gueule, et qu'aucun coyote ne voulut jamais plus apprendre à chanter pour ses enfants.

– Eh ! Corbeau, l'interpelle Blaireau, sors ton banjo
et joue-nous le chant de la vieille Junco.
– Corbeau ! Corbeau ! scandent tous les animaux.
Corbeau s'avance :
– Sur des paroles écrites par Renard, je vais vous jouer
un vieux blues : « Les sanglots de la nuit ».
– C'est quoi, ça ? bougonne Sanglier.
– Chut, s'il vous plaît, demande Renard.
Corbeau entonne alors un air beau à faire pleurer
tous les animaux.
– Revenez demain, ajoute Renard, et vous comprendrez
pour qui nous avons composé cette chanson,
trouvée aux confins de l'Amazonie.

V oilà déjà cinq soirs que tous se retrouvent
dans la clairière pour écouter Renard. Depuis hier,
ils se demandent quel est donc ce conte si triste dont
parlait la chanson de Corbeau. Quand ils arrivent sous
l'arbre à racontars, Corbeau est perché sur l'épaule
de Renard. Et les deux compagnons immobiles forment
une silhouette biscornue.
— Ce conte, commence Renard, ce n'est pas un conte à rire,
c'est un conte cruel. Il se passe dans la jungle au début des
premiers temps et parle de ceux qui veulent se faire aimer
par la force ! Voici comment cela s'est passé...

LA FAUSSE AMIE

Amazonie

◆

En ce temps-là, au tout début du monde, les esprits, les plantes, les animaux, les humains vivaient dans la jungle en harmonie. Enfin non, ce n'était déjà plus tout à fait ça. Il y avait de la bagarre dans l'air ! Les espèces commençaient à se fâcher les unes avec les autres, et je crois savoir que le renard y était pour quelque chose. La zizanie avait débuté le jour où il était tombé amoureux d'une jeune fille et qu'il avait grossièrement rusé pour l'attirer dans sa tanière.

C'est difficile d'imaginer confondre homme et renard, mais, à l'époque, les renards étaient encore des esprits. Ils n'avaient pas encore de pelage soyeux, de museau fin ou de grands yeux marron. Ils ressemblaient plus à des humains, avec un petit nez au milieu du visage et de courtes oreilles. Mais que s'était-il passé dans la tête de Watirinoti, l'Esprit Renard qui vivait au milieu de la jungle, quand, un matin, il imita la voix de la meilleure amie d'une jeune fille qu'il convoitait ?

Elle avait les cheveux noirs et épais, la peau brune, un sourire éclatant. Watirinoti la trouvait parfaitement à son goût et il décida qu'il irait vivre avec elle au fin fond de la forêt.

Les parents mettent toujours en garde leurs enfants de ne pas suivre le premier esprit venu, mais les enfants s'en souviennent-ils quand cela leur arrive vraiment ? Il faut croire que non, car voilà ce qui se passa ce matin-là, quand cette jeune fille, encore endormie dans son carbet, entendit :

— Eh l'amie ! Viens cueillir des tucumas, de l'açaï et des cajus avec moi !
C'était Renard qui l'appelait avec une voix aiguë de femme. La jeune fille se réveilla de mauvaise humeur, car, habituellement, son amie n'arrivait jamais si tôt et la nuit était encore épaisse et sombre.
— Les fruits sont mûrs, ils tombent des arbres, ramassons-les ! Le village sera content d'en avoir autant, continua le renard sur un ton enjoué.
Il insista tant et tant que la jeune fille, finalement, le suivit, croyant accompagner son amie. Quelle erreur ! Quand elle arriva au milieu de la jungle, elle découvrit à la lumière du jour le vrai visage de Watirinoti : celui d'une créature horrible, mi-homme, mi-renard, avec une voix rauque et grave. Mais l'Esprit Renard qui voulait la séduire prit un ton mielleux :
— Rentre donc là, ma belle, tu seras bien ici avec moi, lui affirma Watirinoti en lui montrant sa tanière. Rentre là, ma belle !
— Laisse-moi partir ! implora la jeune fille, terrorisée. Laisse-moi partir !
Le renard, soudain, perdit patience et la poussa brusquement à l'intérieur.
— Hop là, voilà ! Finies les grimaces ! Moi, je vais chasser. Jacamins, perroquets, colibris ? À toi de choisir !
— Pouah, rien de tout ça, rétorqua la jeune fille, mais Watirinoti était déjà sorti, refermant sa tanière derrière lui avec une grosse pierre.

À l'intérieur, ça puait les fruits pourris et la viande séchée. La jeune fille tambourinait sur la pierre quand elle entendit parler une vieille femme toute recroquevillée dans la pénombre.
— Malheur ! Malheur ! se lamentait cette dernière, Esprit Renard Watirinoti t'a trompée, toi aussi ?
— Depuis combien de temps es-tu sa prisonnière ? sanglota la jeune fille.
— Un grand nombre d'arcs-en-ciel sont passés par là, soupira la vieille femme. Mais toi, tu es jeune, sauve-toi. Quand l'Esprit Renard rentrera de la chasse, il te tendra un de ses pieds pour que tu lui enlèves une épine. Si tu n'en trouves pas, il te crèvera les yeux. Crois-moi ! Je suis aveugle ! Trouve un petit bout de bois pointu et quand Watirinoti rentrera, continua-t-elle,

fais-lui croire qu'une épine s'est fichée dans son pied, alors il t'épargnera. Sinon il deviendra fou furieux !
– Je ferai exactement ce que tu m'as conseillé, affirma la jeune fille, morte de peur.
Quand Watirinoti arriva, il lui tendit ses pattes crottées :
– Soigne-moi, s'écria-t-il de sa voix caverneuse.
La jeune fille fit exactement ce que la vieille femme lui avait dit. Mais Watirinoti, ravi, lui demanda encore :
– Maintenant, viens dormir avec moi !
– Accepte, lui souffla la vieille femme pendant qu'elle plumait les oiseaux de la chasse près d'une marmite pour en faire un dîner.

La jeune fille se coucha à côté du renard en tremblant. Il la serra contre lui, ferma les yeux, lui caressa les cheveux et s'endormit. Alors, la vieille femme fit signe à la jeune fille de se lever doucement, très doucement, pendant qu'elle remplaçait le corps doux et souple dans les bras du renard par de la pulpe de palmier. Watirinoti grommela mais la ruse fonctionna...
– Dépose-moi des ignames bien grillées de temps en temps et moi, je tiendrai cet Esprit Renard Watirinoti bien loin des humains jusqu'à la fin des temps. Ne t'inquiète pas pour moi, j'en ai fait mon affaire maintenant, lui assura la vieille femme, avant que, ouste ! la jeune fille ne prenne ses jambes à son cou en jurant de ne jamais suivre quiconque, esprit, renard, ou toute personne, séduisante ou non !

Dans la jungle, bientôt, cette histoire se sut. Et ce fut fini, la belle harmonie ! Les renards vont avec les renards et les humains avec les humains. Ainsi put enfin commencer le monde tel qu'on le connaît aujourd'hui.

Renard et Corbeau savent où qu'ils aillent, à l'est, à l'ouest, au nord, au sud, sous un arbre à racontars, qu'une fois ce conte sorti de leur sac, chacun s'interroge sur le mensonge et le pouvoir du plus fort.
– Demain, qu'est-ce que tu nous proposes ? lance Sanglier.
– Demain est un autre soir, s'exclame Corbeau, mais je crois que Renard nous emmènera au Japon...
Et Renard enfouit son conte au fond de son sac.

Accrochées aux branches de l'arbre à racontars, de petites lanternes se balancent au vent. Renard porte un kimono noir ceinturé de rouge. Corbeau a peint ses plumes en blanc couleur de lune. Tout est prêt mais les animaux sont en retard. Corbeau s'inquiète : viendront-ils ce soir ? Quand soudain ils surgissent, habillés eux aussi en kimono.
Ours est un peu serré dans le sien mais il est très beau. Quant à Sanglier, il a préféré un costume de samouraï et il répète à qui veut l'entendre :
– Banzaï, banzaï !
– Bravo ! dit Renard. Vous êtes bien installés ? Alors partons sans plus attendre !

L'HOMME AMOUREUX D'UNE RENARDE

Japon

♦

Autrefois au Japon, dès que le jour déclinait, une jeune fille apparaissait sur les bords de la rivière Koya, non loin du temple de Ninnaji. Elle portait un kimono de soie bleue, brodée de pivoines rouges, ou peut-être rouge, brodée de pivoines jaunes ou de chrysanthèmes blancs... Enfin bref, personne ne sait vraiment car c'étaient surtout ses cheveux noirs de jais retenus en chignon par un peigne d'argent, ses yeux rieurs et l'ovale parfait de son visage au teint laiteux, qui attiraient tous ceux qui la croisaient. Seule sa façon de marcher à petits pas avec ses sandales : clipeti, clapela, tap, tap ! était très intrigante.
Un soir, un cavalier sur son cheval noir passa sur la route près de la rivière. La jeune fille l'aperçut et l'interpella aussitôt :
– Pourriez-vous m'emmener jusqu'à Kyoto ? lui demanda-t-elle poliment.
Le cavalier n'hésita pas un instant. Il la hissa derrière lui, sur la croupe de son cheval. Et les voilà partis vers la capitale, quand, en chemin, la jeune fille sauta à terre et s'enfuit.
– Clipeti, clapela, tap, tap !
Ses sandales résonnaient sur le sol. Le cavalier voulut la rattraper, mais aussitôt elle se transforma en renarde et détala en glapissant :
– Koû ! koû !

Cette même histoire se répéta au moins dix fois, si bien qu'elle arriva jusqu'aux oreilles des gardes du palais impérial de Kyoto.

L'un d'eux, Shenshu, déclara haut et fort :
– Quels imbéciles ! Laisser échapper une renarde ! Vous allez voir, moi je vais l'attraper !
– Arrête de te vanter, Shenshu. Tu n'y arriveras pas toi non plus, se moquèrent ses compagnons dans la salle des gardes. Tout le monde connaît les pouvoirs des renardes !
– Puisque je vous dis que j'y arriverai ! s'entêta-t-il. Je vous parie même que demain soir, je vous l'amènerai ici.
Le lendemain soir, Shenshu se rendit seul à cheval sur les bords de la rivière Koya. Mais personne ! Il repartait vers Kyoto quand il entendit :
– Clipeti, clapela, tap, tap !
Et la jeune fille surgit devant lui.
– Pourriez-vous m'emmener jusqu'à la capitale ? lui demanda-t-elle poliment.
« Oh, la voilà donc, celle qui se transforme en renarde ! » pensa Shenshu. Sans hésiter, il la hissa sur son cheval mais il lui passa, par précaution, une lanière de cuir autour des hanches, qu'il attacha ensuite à sa selle.
– Mais pourquoi m'attachez-vous ? s'inquiéta la jeune fille.
– Eh bien, ma belle, ricana Shenshu, j'ai fait un pari !
– Lequel ? demanda-t-elle, méfiante.
– J'ai parié que ce soir, dans la salle des gardes, je te présenterai à mes compagnons ! Mais si jamais tu t'échappes, ils se moqueront tous de moi ! continua Shenshu.

Et il partit au galop dans la nuit noire. Quand il arriva dans la salle des gardes, ses compagnons l'attendaient. Alors, Shenshu dénoua la lanière de cuir et fit descendre la jeune fille, tout en la tenant fermement par le bras.
– Maintenant, allumez vos torches ! leur ordonna Shenshu.
Aussitôt les gardes lui obéirent et les encerclèrent, lui et sa prisonnière.
– Lâche-la, s'écria l'un d'eux, on va bien voir si c'est une renarde !
– Oui, lâche-la, reprit un autre, qu'on s'amuse un peu.
La jeune fille, elle, ne disait rien. Elle remit en ordre les pans de son kimono, et soupira, outrée, sans doute, de se retrouver en si grossière compagnie.

Shenshu hésitait : était-ce bien une renarde ou pas ? Mais il renchérit :
– Puisque je vous dis que c'en est une ! Si je la lâche, elle se sauvera !
Les gardes insistèrent tellement que Shenshu lâcha le bras de la jeune fille.
Aussitôt, elle se transforma en renarde et s'enfuit en glapissant : koû ! koû !
Au même instant, les torches s'éteignirent et les gardes disparurent, absorbés par la nuit.
Shenshu avait beau les appeler : personne ! Affolé, il courut à gauche, à droite, devant, derrière, cherchant les mille lanternes du palais impérial. Mais tout était désert. Shenshu était seul dans un endroit inconnu.
– Koû ! koû !
Le cri de la renarde !
– Clipeti, clapela, tap, tap !
Le bruit des sandales !

Son cœur s'affola et il s'aplatit sur le sol comme une galette de riz, évanoui. Non seulement Shenshu n'avait pas réussi à capturer cette renarde, mais, en plus, elle avait utilisé ses pouvoirs magiques pour le berner et le ridiculiser. En réalité, il ne s'était jamais trouvé dans la salle des gardes avec ses compagnons. La renarde était bien plus maline que lui, elle lui avait fait perdre tous ses repères...

Au petit matin, plus mort que vif, Shenshu rentra chez lui, malade de peur, et incapable de raconter à ses compagnons ce qui s'était passé. On dit qu'une semaine plus tard, honteux de s'être vanté à tort d'être le seul à pouvoir déjouer les tours que la renarde jouait aux hommes, il quitta Kyoto.

La dernière fois que quelqu'un le rencontra, Shenshu errait, déguisé en renard, pour tenter de piéger enfin cette maudite renarde qui l'avait rendu fou. Il murmurait des mots incompréhensibles :

— Clipeti, clapela, tap, tap ! Koû ! koû !

Une belle jeune fille le suivait de loin. Et bizarrement, une queue de renarde dépassait un peu de son kimono de soie bleue, brodée de pivoines rouges, ou peut-être rouge, brodée de pivoines jaunes, ou de chrysanthèmes blancs...

– C'est fou ce que les hommes sont bêtes ! claironne Corbeau à la fin de l'histoire.
– Tu l'as dit, ajoute Ours, plus bêtes que les bêtes !
Et tout le monde éclate de rire.
– Croyez-moi, dans toutes les forêts du monde, ce conte a beaucoup de succès, affirme Renard.
Puis il chuchote à Corbeau :
– Demain, c'est toi qui raconteras le septième conte, tu sais, celui où tu te moques de nous !
– Et ce sera la petite revanche des oiseaux sur les gros menteurs que vous êtes ! conclut Corbeau.

– Et voilà mes amis, le septième soir est arrivé. Et comme il faut toujours savoir se moquer de soi en premier, ou peut-être en dernier, je laisse la parole à Corbeau et vous allez comprendre pourquoi. Corbeau, c'est à toi ! Quel conte tiens-tu donc dans ton bec ?
– Voici un conte de paix et d'amour. En ces temps-là, quand les renards étaient encore menteurs... Ce qui, bien sûr, n'est plus vrai aujourd'hui...

LE BAISER DE LA PAIX

Europe

Parfois, pardonnez-moi, une proie vaut bien un mensonge.
Alors le jour où ce renard, notre lointain aïeul, passa sous le nid d'une mésange, et que son ventre se mit à glouglouter de faim, il eut l'idée de génie de lui raconter ceci : que Sa Majesté le lion aurait déclaré un pacte de paix éternelle entre les animaux. Il serait devenu interdit d'agresser et de dévorer la moindre petite bestiole.
– Bien sûr, nous les renards, expliqua-t-il à la mésange, pour respecter comme il se doit cette paix, nous nous contentons désormais des pommes, des prunes, des poires pourries tombées dans les jardins ! Bref, nous sommes bel et bien devenus végétariens !
Il mentait ! Il voulait juste un déjeuner.
– Alors, amie mésange, la pria le renard, embrassons-nous pour faire plaisir au roi ! Donnons-nous vite ce beau, grand et long baiser, en signe de paix tel qu'il l'a décrétée...
– Hé là ! fit la mésange, certainement pas, pas de baiser ! Je te connais trop bien, Renard. Tu veux me croquer !
– Quoi ? Mettrais-tu ma parole en doute ! Ça non ! Regarde, je ferme les yeux, viens vite près de mon museau. Tu ne crains rien, petite oiselle !
La mésange, qui n'avait aucune envie de l'embrasser, prit dans son bec quelques brins de mousse et de feuilles dans son nid et en frotta les moustaches du renard. Maître Farceur, maître Trompeur, le renard ouvrit grand sa mâchoire, crut la saisir mais ne trouva que lichen et feuilles de chêne entre ses dents. Clac !
– Baiser de paix jurée et conclue, disais-tu ? s'exclama la mésange. Si je ne m'étais pas méfiée de tes crocs, Renard, tu m'aurais mangée toute crue ! Tu m'as dupée ! De pacte entre les animaux, il n'y en a jamais eu !
– Hi hi, ha ha, si si, rigola Renard, c'est la vérité mais je voulais jouer un peu. Comme au bon vieux temps ! Allez, approche-toi de moi ! Montrons à Sa Majesté le lion que la paix n'est pas un vain mot pour nous. Embrassons-nous ! répétait-il. Regarde, je ferme les yeux, petite oiselle... Viens vite près de mon museau !

La mésange, qui n'était pas idiote, s'approcha de sa gueule mais n'entra pas dedans, se tenant même à bonne distance, prudemment. Renard, certain cette fois de l'attraper, se jeta sur elle, dents en avant mais... Clac ! Clac ! Il la manqua pour la deuxième fois.
– Renard, qu'est-ce que cela signifie ? Je ne pourrai jamais te croire après un tel bruit de mâchoire. Que les plumes m'en tombent, si jamais je me fie à toi ! s'insurgea la mésange.
– Hi hi, ha ha, ouh ouh, s'écria le renard. C'était juste une petite ruse de ma part ! Je voulais t'effrayer pour m'assurer de ton courage. Je n'avais aucune mauvaise intention, je t'en prie, ni trahison ni tromperie. Tu dois avoir confiance en toi et surtout en moi, ajouta-t-il, la voix doucereuse.
Car, tenaillé par la faim, il ne savait plus quels arguments inventer pour faire de la mésange son dîner. Méfiante et avisée, la mésange le regardait se tortiller au pied de l'arbre où elle était perchée.
– Cessons de plaisanter maintenant et réconcilions-nous comme le veut Sa Majesté le lion ! reprit le renard enjôleur. Puisque, pour valider ce pacte, nous devons nous embrasser trois fois : par amour, par respect et par fraternité, eh bien, cette fois, c'est la bonne ! Jamais deux sans trois. Approche-toi encore de mon museau et entre nous, ce sera la paix à jamais !

La mésange, voletant de son nid en haut du chêne vers le tilleul voisin, l'interpella :
– Allons, Renard, avoue : la paix ne t'intéresse point ! Tu crèves la faim, voilà tout !
C'est vrai que l'estomac de Renard gargouillait bruyamment et que l'idée de manger encore un fruit au déjeuner au lieu d'une belle volaille lui devenait insupportable.
– Finissons-en, ma belle oiselle, réconcilions-nous ! tenta le renard. Descends de là ! Bisou, bisou, bisou !

Mais voilà qu'ils perçurent tous deux au loin des aboiements de chiens. C'était une meute avec des chasseurs et ils se rapprochaient. Renard, épouvanté, s'apprêtait à fuir.
– Reste là, Renard ! N'aie pas peur ! Voyons ! Tout n'est qu'amour, respect, fraternité ! lui lança la mésange. N'est-ce pas toi qui, tout à l'heure, me parlais de paix ?
Mais les chasseurs, déjà, sonnaient du cor et armaient leurs fusils.
– Le traité du roi a été trop vite rompu, ma parole, ou alors peut-être que ces chiens-là ne sont pas encore au courant de ce devoir de paix entre les bêtes ? hurla le renard en détalant piteusement.

– Reviens, Renard, riait la mésange, que je te donne un baiser, deux, trois. Reviens ! Bisou, bisou, bisou !

Mais le renard courait à perdre haleine. Le vent sifflant à ses oreilles, il crut encore entendre la mésange lui crier :

– Embrasse bien de ma part tes enfants et tous ceux de ton clan !

On dit que, loin des chiens et des humains, les renards ne se montrent plus le jour car ils espèrent, pour sortir de leur terrier, la paix promise qui, peut-être, ne viendra jamais. En attendant, la nuit dernière, ils ont festoyé d'un beau poulet... Mais j'ai dû me tromper, il s'agissait sans doute d'un gros navet.

– On dit aussi que depuis cette mésaventure, un certain Renard est devenu conteur et ne mange plus que des navets et du riz au lait. Peut-être l'avez-vous rencontré dans une de vos forêts ? conclut Corbeau. Il porte sur une épaule un grand sac rempli de contes et sur l'autre un corbeau qui joue du banjo. Tous les deux marchent sur les chemins du monde et quand ils trouvent un bel arbre dans une clairière, ils s'y installent pour sept soirs.
– Oh ben non, c'est pas déjà fini ! le coupe Sanglier.
– Oh que si, soupire Blaireau.
– Vous reviendrez bientôt ? s'écrie Ours.
– Avec d'autres contes où le lièvre est un héros ? renchérit ce dernier.
– Ou celui de la vieille Janco tout édentée ? continue Sanglier.
– Moi je les ai tous aimés, poursuit Ours, même celui des galettes de blé !

Renard chante à tue-tête un au revoir joyeux,
et les animaux reprennent en chœur son refrain...
Mais c'est Corbeau avec son banjo qui, cette fois,
aura le dernier mot :
– Merci à tous d'être venus. Si nos histoires vous ont plu,
ne les gardez pas pour vous, racontez-les partout !
Et maintenant, place à la fête !

Si ces contes de renards vous ont plu,
découvrez vite *La Grande Nuit des Ours*,
un recueil de sept contes autour du monde.

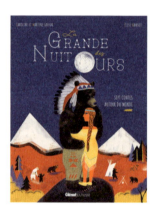

Achevé d'imprimer en Roumanie
en septembre 2022 par Rotolito Romania S.A.,
sur papier provenant de forêts gérées de manière durable.